AF332313

FÉDÉRATION
"Bourgogne et Morvan"
DES SYNDICATS D'INITIATIVE

Côte-d'Or — Haute-Marne — Nièvre
Saône-et-Loire et Yonne

SIÈGE SOCIAL :
65, rue des Godrans - DIJON

ÉTÉ 1921

LISTE des HOTELS
et des
VILLÉGIATURES
en
BOURGOGNE ET MORVAN

Plus amples renseignements (timbre pour la réponse) :

S'ADRESSER

Bureaux des Syndicats d'Initiative
Affiliés à la Fédération

8° L² k
7009

8° L. k²
69

DIJON

IMPRIMERIE Vve PAUL BERTHIER

12, RUE BERBISEY, 12

HOTELS

Les prix indiqués sont modifiables suivant la situation
économique du pays.

LE REPAS DU TOURISTE devra être servi, en
raison des circonstances actuelles, à 4 fr., vin compris,
composé de : hors d'œuvre ou potage,
1 plat de viande, 1 plat de légumes, fromage ou dessert,
pain et vin compris.

Syndicat d'Initiative de l'Auxerrois
Centre de tourisme
4, rue Française, AUXERRE (Yonne)

*AUXERRE (Yonne). — Altitude 102 mètres ; gare ; ville
ancienne pittoresquement située ; nombreuses excursions.*

Grand Hôtel de l'Épée : 50 chambres ; chambres à 1 lit
de 5 à 12 fr., chambres à grand lit de 8 à 16 fr., chambres
à 2 lits de 10 à 35 fr., déjeuner ou dîner 6 fr., boisson non
comprise, salle de bains, ascenseur, vaste garage.

Syndicat d'Initiative d'Avallon et du Morvan
66, Grande-Rue, AVALLON (Yonne)

*AVALLON (Yonne). — Altitude 254 mètres ; gare ; environs
très pittoresques ; nombreuses excursions (service d'autos-cars).*

Hôtel Avallonnais et de la Poste, 13, place Vauban,
propriétaire Mlle Chanut.

Hôtel du Chapeau-Rouge, 11, rue de Lyon, propriétaire M. Chanut-Corniau.

Hôtel Thibault-Justin, 16, rue Vauban, propriétaire Mme Thibault.

Hôtel du Cheval-Blanc, 95, rue de Lyon, propriétaire M. Renaud.

Hôtel du Commerce, 52, rue de Lyon, propriétaire M. Meunier.

Hôtel de l'Escargot, 38, rue de Lyon, propriétaire M. Hurion.

Pension de Famille *« Les Ruats »*, route de Pontaubar, propriétaire M. Pierre.

Restaurant Blin, avenue de la Gare, propriétaire M. Blin.

Restaurant Fichot, 8, rue Odebert, propriétaire M. Fichot.

Restaurant Perrin, place de la Gare, propriétaire M. Perrin.

Restaurant Roy, 3, rue Mathé, propriétaire M. Roy.

Environs d'AVALLON

ARCY-sur-CURE.

Chalet-Restaurant des Grottes, propriétaire M. Joublin.

Hôtel des Grottes, propriétaire M. Rétif.

BLANNAY.

Hôtel de la Cure, propriétaire M. Declume.

CHASTELLUX.

Hôtel du Maréchal de Chastellux, propriétaire M. Perrey.

CLAMECY.

Hôtel de la Poste, propriétaire M. Renat.

Hôtel de la Boule-d'Or, propriétaire M. Desbeaut.

CORBIGNY.

Hôtel du Commerce, propriétaire M. Cahouet-Hérouard.

Hôtel de la Poste, propriétaire M. Justin Thomas.

CUSSY-les-FORGES.

Hôtel de la Providence, propriétaire M. Emery.

JOUX- ·VILLE.

Hôtel Coquelet, propriétaire M. Coquelet.

LA PIERRE-QUI-VIRE.

Hôtel Monastère, l'abbé Lepage, régisseur.

L'ISLE-sur-SEREIN.

Hôtel de l'Etoile, propriétaire M. Genreau.

Hôtel Muller, propriétaire M. Muller.

LES SETTONS.

Hôtel du Lac des Settons, propriétaire Mᵐᵉ Seguin.

LORNES.

Hôtel de la Poste, propriétaire M. Méricourt.

MONTRÉAL.

Hôtel du Cheval-Blanc, propriétaire M. Kœlsch.

MONTSAUCHE.

Hôtel Terminus, propriétaire M. Lambert-Rateau.

NOYERS-sur-SEREIN.

Hôtel de l'Étoile, propriétaire M. Dansin-Bouginat.

Hôtel de la Poste et de la Boule-d'Or, propriétaire
M. Saugin-Mossaud.

PONTAUBERT.

Café-Hôtel, propriétaire M. Robert.

QUARRÉ-les-TOMBES.

Hôtel du Nord, propriétaire Mme veuve Duban.

Hôtel de la Poste, propriétaire M. Guillaumot-Douénat.

SAINT-PÈRE.

Hôtel de la Cure, propriétaire M. Droin-Tricoteau.

Café-Restaurant, propriétaire M. Laboureau.

SAULIEU.

Hôtel de la Côte-d'Or, propriétaire M. E. Budin.

Hôtel de la Poste, propriétaire M. Burdin.

SEMUR.

Hôtel de la Côte-d'Or, propriétaire M. Colin.

Hôtel du Pont-Neuf, propriétaire M. Lemaitre.

SERMIZELLES.

Hôtel de la Gare, propriétaire M. Fourrey.

THAROT.

Hôtel Chenal, propriétaire M. Chenal.

VÉZELAY.

Hôtel de la Poste et du Lion-d'Or, propriétaire M. Collin.

VOUTENAY.

Hôtel Picard, propriétaire M. Picard.

Tous les hôteliers ci-dessus peuvent servir à volonté des plats bourguignons ou morvandiaux.

Syndicat d'Initiative du Châtillonnais
CHATILLON-sur-SEINE (Côte-d'Or)

CHATILLON-sur-SEINE (Côte-d'Or). — *Altitude 224 mètres ; gare ; promenades en forêt ; antiquités.*

Hôtel de la Côte-d'Or : Recommandé par le T. C. C. A. C. F. et le Guide Michelin ; entièrement remis à neuf ; 20 chambres ; jardin anglais ; chambres à 1 lit depuis 5 fr. ; déjeuner-dîner depuis 7 fr. boisson comprise ; arrangement pour séjour ; garage avec fosse ; téléphone 31.

Hôtel de la Gare : 15 chambres ; chambres 5, 8 et 10 fr., petit déjeuner 1 fr. 75 ; déjeuner 6 fr., dîner 6 fr., vin compris. Beau jardin ombragé, électricité, garage, location automobiles ; excursion. On sert le repas du touriste.

Hôtel de la Poste : 20 chambres ; chambres 5 et 10 fr., petit déjeuner 1 fr. 50, déjeuner 5 fr., dîner 5 fr. vin non compris.

Syndicat d'Initiative de Cluny et du Clunysois
(Saône-et-Loire)

CLUNY. — *Altitude 248 mètres ; gare ; abbaye ; palais abbatial.*

Hôtel de Bourgogne : 20 chambres à 1 lit de 8 à 12 fr. ; à 2 personnes de 10 à 15 fr. ; petit déjeuner 2 fr, déjeuner et dîner 6 fr. 50 sans vin, ou 7 fr. 50 vin compris. Pension pour séjour à partir de 15 fr. ; arrangement pour familles, salle de bains, téléphone, garage, chauffage central, omnibus. On sert le repas du touriste à 4 fr.

Hôtel du Commerce : 20 chambres, à 1 lit de 5 à 8 fr., à 2 lits de 8 à 12 fr., petit déjeuner 2 fr., déjeuner et dîner

6 fr. 50 sans vin ou 7 fr. 50 vin compris. Pension pour séjour 12 à 15 fr. Automobile à la gare et pour excursion, téléphone, chauffage central, garage. On sert le repas du touriste à 4 fr.

Hôtel de la Gare : 15 chambres de 5 à 6 fr. ; petit déjeuner 1 fr., déjeuner et dîner 6 fr. sans vin, ou 7 fr. 50 avec vin, pension à partir de 10 fr. ; téléphone, garage. On sert le repas du touriste à 4 fr.

Syndicat d'Initiative et de Tourisme de Dijon et de la Côte-d'Or

65, rue des Godrans, DIJON

DIJON (Côte-d'Or). — Altitude 242 mètres ; monuments historiques ; excursions variées.

Hôtel de Bourgogne : Place Darcy.

Hôtel du Chapeau-Rouge, rue Michelet : 45 chambres ; chambres depuis 8 fr., petit déjeuner 1 fr. 75 et 2 fr. 50, déjeuner ou dîner 7 fr. boisson non comprise, chauffage central.

Au Chateaubriand-Restaurant-Hôtel, rue de la Gare : 12 chambres ; chambres depuis 6 fr., petit déjeuner 2 fr., déjeuner ou dîner 7 fr. vin non compris, service à la carte, cuisine soignée, vins fins, cave réputée. English-spoken. On sert des plats bourguignons.

Grand Hôtel de la Cloche, place Darcy : 150 chambres ; chambres à 1 lit d'une personne : 10 à 35 fr., avec salle de bain privée ; chambres à 2 lits ou grand lit, de 16 à 45 fr. ; petit déjeuner, au restaurant 3 fr., en chambre 3 fr. 50, déjeuner 10 fr., dîner 10 fr., boisson non comprise. — Prix de pension pour huit jours au moins, depuis 28 fr. par jour. — Garage.

Hôtel de la Côte-d'Or, 4, Place Darcy : 16 chambres ; chambres depuis 5 fr., petit déjeuner 1 fr. 50, déjeuner 5 fr., diner 5 fr., 5. fr. 50 avec vin ; service à la carte, grands vins de Bourgogne, garage. On sert le diner du Touriste.

Hôtel Continental, face à la gare (à droite) : 30 chambres chambres depuis 6 fr. ; déjeuner 7 fr. vin non compris ; diner 7 fr. vin non compris, installation moderne, maison du bon accueil, service à la carte, prend des pensionnaires On sert le repas du touriste.

Hôtel de l'Etoile, place de la République : 10 chambres ; chambres depuis 4 fr., petit déjeuner 1 fr. 50, déjeuner 6 fr., diner 6 fr., vin compris. On sert le repas du touriste à 4 fr.

Hôtel de Genève, rue de la Gare : 28 chambres ; chambres depuis fr., petit déjeuner fr. déjeuner fr, diner fr., service à la carte, cuisine soignée, grands vins de Bourgogne, chauffage central.

Hôtel de Lorraine, rue de la Gare, 13 : 15 chambres ; chambres depuis 5 fr, petit déjeuner 1 fr. 25 et 1 fr. 50, déjeuner 4 fr. 50 et 6 fr, vin non compris, diner 4 fr. 50 et 6 fr, vin non compris, petit repas à 5 fr. 50 vin compris, service à la carte, cuisine soignée, salle à manger et salon, chauffage central.

Hôtel Moderne et du Jura, rue de la Gare : 60 chambres, chambres à partir de fr., petit déjeuner au restaurant fr., en chambre, déjeuner fr., diner fr., boisson non comprise, appartements avec bains et w.c, lavabo à eau courante.

Hôtel Morot, face à la gare : 65 chambres ; chambres depuis 5 fr, petit déjeuner complet 2 fr. 50, déjeuner 7 fr.. sans boisson, diner 7 fr. sans boisson, pension à partir de 18 fr. par jour, salle de bains, chauffage central, garage, confort moderne.

Hôtel du Nord, rue de la Liberté : 40 chambres ; chambres à partir de 6 fr., petit déjeuner 2 fr., petit déjeuner complet 2 fr. 50 déjeuner 6 fr; dîner 6 fr, boisson non comprise, chauffage central.

Hôtel de Provence, rue de la gare : 42 chambres ; chambres de 5 à 15 fr., petit déjeuner 2 fr., dans les chambres 2 fr. 50, déjeuner 6 fr., dîner 6 fr., vin compris ; service à la carte cuisine très soignée, la maison se recommande de ses grands vins de Bourgogne ; lavabo à eau courante chaude et froide Service de nuit à la gare.

Buffet de la Gare : A la gare Dijon-Ville.

Terminus-Hôtel, face à la gare : 30 chambres ; chambres depuis   fr. Repas prix fixes : déjeuners 6 et 8 fr., dîners 6 et 8 fr. ou service à la carte, boisson non comprise dans les prix fixés. Tout le confort moderne, ascenseur.

Hôtel des Voyageurs, 6, rue de la gare : chambres depuis 5 fr., Repas à prix fixe 6 fr. vin compris et à la carte prix spéciaux pour séjour ; chauffage central, cuisine très soignée ; grands vins de Bourgogne (Acquéreur des vins des Hospices de Beaune). Tous les jeudis plat du jour bourguignon Pâté Bourguignon. La Maison prend des pensionnaires. Téléphone 8. 61.

Hôtel-Restaurant du Raisin, 36, rue Monge : 10 chambres depuis 5 fr. petit déjeuner 1 fr., déjeuner 4 à 5 fr., vin compris ; pension 15 fr. ; pour séjour, arrangements, cuisine bourgeoise ; on sert le repas du Touriste.

Restaurant du Marais, rue Muscite : petit déjeuner 1 fr. 50, déjeuner 6 fr. 50, dîner 6fr.50 sans vin, pension depuis

Restaurant Roussotte, 8, place d'Armes, au 1er : Déjeuner 6 fr. 50, sans vin, dîner 6 fr. 50 sans vin, service à la carte, cave réputée.

HOTELS DE LA RÉGION
Recommandés par le Syndicat d'Initiative et de Tourisme de Dijon et de la Côte-d'Or

AIGNAY-le-DUC (Côte-d'Or). — Altitude 329 mètres ; tramways ; excursions ; chasse et pêche.

Hôtel Michaut : 12 chambres, chambres de 4 à 6 fr., petit déjeuner 1 fr. 25, déjeuner, dîner 6 fr., vin compris, pension pour séjour depuis 14 fr., remises, garage. On sert le dîner du touriste.

AISEY-sur-Seine. — Tramways ; excursions, chasse, pêche.

Hôtel Roy : 12 chambres ; chambres depuis 4 fr., petit déjeuner 1 fr., déjeuner ou dîner 6 fr., boisson comprise ; pour un séjour supérieur à 5 jours prix de pension, garage, (Téléph. n° 1). On sert le repas du touriste.

ARNAY-le-DUC. — Altitude 373 mètres : tramways ; excursions

Hôtel de France (T. C. F.) : 18 chambres ; chambres depuis 4 fr., petit déjeuner 1 fr. 25, déjeuner ou dîner 6 fr., vin compris ; cuisine bourgeoise, pension depuis 15 fr., chauffage central, garage. On sert le repas du touriste.

AUTUN (Saône-et-Loire). — Altitude 306 mètres ; excursions ; gare ; antiquités gallo-romaines.

Hôtel Saint-Louis et de la Poste (T. C. F.) : 50 lits ; chambres depuis 7 fr., salon privé, table d'hôte 7 fr. vin non compris, petite table 8 fr., pension pour séjour (arrangement). Confort moderne, salon, fumoir, bains et douches, chauffage central, terrasse, véranda, garage, chambre historique de Napoléon.

Hôtel Moderne et de la Tête noire, rue de l'Arquebuse, (C. Debauge, propriétaire) : confort moderne, 20 chambres dont 5 à 2 lits ; chambres depuis 5 fr., repas vin compris 7 fr. 50, par petites tables, moyenne de la journée : 20 fr., sé-

jour minimum 15 jours,18 fr. Bureau, salons, garages, électricité, téléphone, chauffage central.

Hôtel Terminus et de la Gare, (prop. B. Faure) : 30 chambres ; chambres depuis 5 à 12 fr., petit déjeuner 1. 50 et 2
fr., déjeuner 7 fr., vin compris, diner 7. 50, vin compris ;
on sert le repas du touriste. English-Spoken, salle de bains,
électricité, garage-fosse, chauffage central. Pour un séjour
prolongé 15 f. par jour.

*AUXERRE (Yonne) — Altitude 102 mètres; gare; ville
ancienne pittoresquement située; nombreuses excursions.*

Grand Hôtel de l'Épée : 50 chambres; chambres à 1 lit de
5 à 12 fr., chambres à grand lit de 8 à 16 fr., chambres à
2 lits de 10 à 35 fr., déjeuner ou dîner 6 fr. boisson non
comprise, salle de bains, ascenseur, vaste garage.

*AUXONNE (Côte-d'Or). — Gare; jolie situation sur la Saône;
pêche et canotage.*

Hôtel-Restaurant du Grand-Cerf : petit déjeuner 1 fr. 75
à 2 fr. 25, déjeuner 5 fr. 50, diner par petites tables 6 fr. 50
à 7 fr. vin non compris, service à la carte, garage.

*AVALLON (Yonne). — Altitude 254 mètres; gare; environs
très pittoresques; nombreuses excursions.*

Grand Hôtel du Chapeau-Rouge : 50 chambres; chambres depuis   , petit déjeuner   , déjeuner   , dîner
vin non compris, salle de bains, garage.

Hôtel Avallonnais et de la Poste, 13, rue Vauban.

*BAIGNEUX-les-JUIFS (Côte-d'Or). — Tramways, pêche et
chasse.*

Hôtel Palme-Rouard : petit déjeuner   , déjeuner   ,
diner.

*BEAUNE (Côte-d'Or). — Altitude 219 mètres; gare; monu-
ments historiques; excursions.*

Hôtel du Commerce : 14 chambres; chambres depuis   ,
petit déjeuner   , déjeuner   , dîner   , pensions   .

Buffet Hôtel gare : 4 chambres; chambres depuis 5 fr., petit déjeuner , déjeuner et dîner à prix fixe, 4 fr. 25 et 6 f. 75 vin compris; journée de voyageur depuis 13 f. 50; service au jardin; on sert le repas du touriste à 5 fr. vin compris.

Restaurant « Sans Souci » : Montagne de Beaune, altitude 308 mètres, magnifique panorama, terrasse ombreuse, joli parc agreste, bosquets, jeux divers, déjeuner ou dîner depuis 6 fr. boisson non comprise, pension depuis 12 fr., 4 chambres, cuisine bourguignonne, cave renommée.

CANNES (Alpes-Maritimes).

Hôtel Victoria, rue d'Antibes, 100, Pierre Walsdorff, propriétaire : 40 chambres; chambres depuis 7 fr., petit déjeuner 2 fr., déjeuner 7 fr., dîner 8 fr.

CHASTELLUX-sur-CURE (Yonne). — Altitude 600 mètres; gare d'Avallon à 14 kilomètres; vallée pittoresque de la Cure.

Hôtel de la Fontaine : 6 chambres; chambres depuis , petit déjeuner , déjeuner , dîner .

CHATEAU-CHINON (Nièvre). — Altitude 534 mètres; centres d'excursions.

Hôtel de la Poste et du Commerce : 22 chambres; chambres depuis 4 fr., petit déjeuner 1 fr. 50, déjeuner ou dîner 7 fr. 50 et 8 fr. vin compris; on sert le repas du touriste.

La CLAYETTE (Saône-et-Loire). — Altitude 404 mètres; gare; pays d'excursions variées.

Hôtel de la Poste et du Dauphin (T. C. F.) : 20 chambres modernes; chambres depuis 6 fr., petit déjeuner , déjeuner ou dîner 8 fr. 50 vin compris, spécialité pâtés, cuisine et cave renommées, garage; on sert le repas du touriste.

LE CREUSOT. — Altitude 347 mètres; gare ; les usines.

Grand Hôtel Moderne :   chambres; chambres depuis
, petit déjeuner   ', déjeuner   , dîner.

*FLAVIGNY-sur-OZERAIN. — Altitude 426 mètres ; cure d'air;
gare des Laumes, 7 kilomètres.*

Hôtel Loisier; on sert le repas du touriste.

*GEVREY-CHAMBERTIN. — Altitude 243 mètres; gare et tram-
ways électriques; jolies promenades boisées.*

Hôtel Collardot « Aux Vendanges de Bourgogne »,
route Nationale; chambres depuis 5 fr., petit déjeuner 1 f. 50
déjeuner 7 fr., dîner 7 fr. vin compris; pension depuis 12 fr.,
cuisine soignée; on sert le repas du touriste.

*IS-sur-TILLE. — Altitude 284 mètres; gare; bord de l'Ignon;
promenade sous bois; pêche.*

Hôtel du Lion d'Or; 15 chambres; chambres depuis 6 fr.,
petit déjeuner depuis 1 fr. 50; déjeuner 6 fr., dîner 6 fr.,
vin non compris; on sert le repas du touriste.

*La ROCHE-en-BRENIL. — Gare; route de Paris; pays très
pittoresque; chasse et pêche.*

Hôtel de la Cloche : petit déjeuner 1 fr., déjeuner 6 fr.,
dîner, 5 fr. 50.

*LEUGLAY. — Gare; Abbaye du Val-des-Choues, à 7 kilomè-
tres, par une superbe route forestière.*

Hôtel Charreau : chambres depuis 3 fr., petit déjeuner 1 fr.
et 1 fr. 50, déjeuner ou dîner à partir de 5 fr.; on sert le
repas du touriste.

*LES LAUMES. — Gare; excursions à Alise-Sainte-Reine; sta-
tue de Vercingétorix, 2 kilomètres.*

Hôtel de la Gare : 18 chambres; chambres depuis
petit déjeuner   , déjeuner   , dîner   .

Hôtel des Voyageurs : 12 chambres; chambres depuis ,.
petit déjeuner , déjeuner , dîner .

LORMES (Nièvre). — Altitude 420 mètres; admirable panorama.

Hôtel de la Poste : 22 chambres; chambres depuis 5 fr.,.
petit déjeuner 1 fr. 50; déjeuner 8 fr., dîner 8 fr.

MAIZIÈRES, par Arnay-le-Duc. — Gare d'Arnay-le-Duc.

Établissement Thermal : 14 chambres; chambres depuis.
, petit déjeuner , déjeuner , dîner .

MONTBARD. — Altitude 211 mètres; gare; patrie de Buffon; excursions variées.

Hôtel de la Gare, rue de la Gare : 12 chambres; chambres.
depuis 4 fr., petit déjeuner 1 fr. 50, déjeuner et dîner 6 fr.

Hôtel de l'Écu, rue Auguste-Carré; 20 chambres; chambres ,
bres depuis , petit déjeuner , déjeuner , dîner .

MONTMOYEN. — Gare de Recey-sur-Ource 10 kilomètres; chasse et pêche; site délicieux sur la Digeanne.

Hôtel Laurent-Febvre : 5 chambres; chambres à ,
petit déjeuner , déjeuner , dîner .

MONTSAUCHE (Nièvre). — Altitude 650 mètres; gare; excursions variées; lac des Settons, 4 kilomètres.

Hôtel de la Poste, route des Settons : 11 chambres; chambres depuis 3 fr., petit déjeuner 1 fr. et 1 fr. 25, déjeuner avec vin et café 5 fr., dîner 6 fr., pension 14 fr.

Hôtel Terminus, à la gare : 15 chambres; chambres et éclairage 2 fr. 50 à 6 fr., petit déjeuner 1 fr. 25, déjeuner 6 fr. 50, dîner 6 fr. 50, café en plus, pension 14 à 16 fr. par jour.

MUSSY-sur-SEINE (Aube). — Gare; pays de vigne et de bois; site pittoresque.

Hôtel du Soleil d'Or : 12 chambres; chambres depuis ,.
petit déjeuner , déjeuner , dîner , jardin. .

PONT-DE-PANY. — *Gare ; jolies excursions sous bois ; château de Lamartine à 4 kilomètres.*

Hôtel de la Gare : 9 chambres ; chambres à 5 fr., déjeuner et dîner 7 fr. vin compris. Pour séjour 14 fr. par jour.

QUARRE-les-TOMBES (Yonne). — *Gare de Sincey-les-Rouvray, 14 kilomètres ; pays boisé et d'excursions.*

Hôtel du Nord : 18 chambres ; chambres depuis   , petit déjeuner   , déjeuner   , dîner   .

RECEY-sur-OURCE (Côte-d'Or). — *Gare ; dans la délicieuse vallée de l'Ource ; pays de chasse et de pêche.*

Hôtel du Commerce : 16 chambres ; chambres depuis 5 fr. petit déjeuner depuis 1 fr. 50, déjeuner depuis 6 fr., dîner depuis 6 fr., pension depuis 15 fr. par jour.

SAINT-HONORÉ-les-BAINS (Nièvre). — *Altitude 302 mètres ; gare ; Vandenesse-Saint-Honoré, 8 kilomètres.*

Etablissement Thermal. Casino, jeux, théâtres Morvan-Palace, Pierre Walsdorff, directeur-propriétaire ; 100 chambres de 6 à 20 fr., petit déjeuner 2 fr. 50, déjeuner 7 fr., dîner 8 fr., pension 20 fr., garage, téléphone 407.

SAINT-LÉGER-sous-BEUVRAY (Saône-et-Loire). — *Gare ; Étang, 11 kilomètres. Excursions : le Mont Beuvray, 822 mètres d'altitude, beau panorama.*

Hôtel du Centre : 4 chambres ; chambres à 5 fr., petit déjeuner 1 fr. 50, déjeuner 7 fr., dîner 7 fr.

SAINT-SEINE-l'ABBAYE (Côte-d'Or). — *Altitude 451 mètres ; cure d'air ; gare ; pittoresque vallée de la Seine.*

Hôtel de la Poste et du Soleil d'Or : 12 chambres ; chambres de 4 à 5 fr., petit déjeuner 1 fr., avec beurre 1 fr. 50, déjeuner 6 fr. 25, dîner 6 fr. 25 vin compris, pension de 10 à 12 fr. (15 jours minimum) ; on sert le repas du touriste 4 à 5 fr.

Hôtel Cocusse : 6 chambres ; petit déjeuner 1 fr., déjeuner
6 fr., dîner 6 fr. vin compris, pension de 10 à 12 fr. ; on sert
le repas du touriste.

*SAULIEU. — Altitude 514 mètres ; gare ; centre d'excursions ;
cure d'air ; pays très pittoresque.*

Hôtel de la Poste, rue Grillot : 30 chambres ; chambres
depuis   , petit déjeuner   , déjeuper   , dîner   .

*SAVIGNY-les-BEAUNE. — Gare de Beaune à 5 kil. 1/2 ; jolies
promenades ; tramways en construction.*

Hôtel de la Croix-Blanche, place de l'Orme ; 7 chambres ;
chambres depuis 4 fr., petit déjeuner 1 fr. 50 et 2 fr., déjeuner 6 fr. 50, dîner 6 fr. 50 vin compris. Électricité.

*Les SETTONS (Nièvre). — Altitude 650 mètres, le plus beau
site du Morvan ; gare ; lac des Settons 400 hectares.*

Hôtel du Lac, entre la gare et le lac : 16 chambres ; chambres de 4 à 6 fr., petit déjeuner 1 fr. 25 et 1 fr. 50, déjeuner
7 fr., dîner 7 fr. vin compris, pension, sauf imprévu : 16 fr.
On sert le repas du touriste.

*VAL-SUZON (Côte-d'Or). — Promenades pittoresques ; pay-
sage boisé.*

Hôtel de la Gare : 5 chambres ; chambres depuis   ,
petit déjeuner   , déjeuner   , dîner   .

*NUITS-SAINT-GEORGES. — Altitude 234 mètres ; vins renom-
més ; excursions ; vallon de la Serrée ; environs pittoresques.*

Hôtel de la Croix-Blanche, place de l'Hôtel-de-Ville :
8 chambres ; chambres depuis 4 fr., petit déjeuner 1 fr. et
1 fr. 50, déjeuner 4 et 6 fr. vin compris, dîner 5 et 6 fr. vin
compris, garage, cuisine réputée ; on sert le repas du
Touriste.

NOLAY. — 342 mètres d'altitude ; maison natale et statue de

Lazare Carnot ; environs pittoresques ; promenade de la
Tournée.

Hôtel Sainte-Marie : chambres   , petit déjeuner
déjeuner   , dîner   , garage.

* * *

Syndicat d'Initiative de Langres et de la région
12, place Diderot, LANGRES (Haute-Marne)

LANGRES. — 475 *mètres d'altitude.*

Hôtel du Cheval-Blanc.

ARC-en-BARROIS.

Hôtel du Lion-d'Or.

CHATEAUVILLAIN.

Hôtel de la Providence.

* * *

Syndicat d'Initiative de Saint-Honoré-les-Bains
(Nièvre)

SAINT-HONORÉ et GRILON. — 306 *mètres d'altitude ; gare
à Vandenesse ; station thermale sulfureuse, sodique et arseni-
cale ; établissement de bains.*

Hôtel du Morvan : depuis 20, 22 et 24 fr.
Annexe du Morvan : depuis 18 et 20 fr.
Hôtel Bellevue : depuis 18, 20 et 22 fr.
Hôtel du Parc : depuis
Hôtel des Bains : depuis 18 et 20 fr.
Hôtel Hardy : depuis 18, 20 et 22 fr.
Hôtel Jolly-Maribas : depuis 18 et 20 fr.

Hôtel Lanoiselée : depuis 18 et 20 fr.

Villa Jeanne-d'Arc : pension de famille, depuis 18 et 20 fr.

Villa Thérèse : pension de famille, depuis 18 et 20 fr.

Syndicat d'Initiative pour attirer les touristes, artistes, industriels, etc.,

dans le Sénonais. — SENS (Yonne)

SENS.

Hôtel de l'Écu, propriétaire M. Courtois : 35 chambres, chambres à 1 lit de 7 à 10 fr., chambres à 2 lits de 12 à 16 fr., demander les prix des repas.

Hôtel de Bourgogne, 49 et 53, rue Thénard, propriétaire M. Trogrion : chambres 10 fr., repas 8 fr. vin compris, on sert le repas du Touriste.

Hôtel de Paris, 97, rue de la République : 40 chambres, chambres à 1 lit de 7 à 12 fr., chambres à 2 lits de 12 à 16 fr., repas 8 fr. vin compris.

Hôtel de la Pomme-d'Or, 10, rue de Laurencin : 6 chambres, prix suivant la durée du séjour, 3 à 5 fr. par jour, repas 5 et 6 fr., on sert le repas du Touriste à 5 fr., table d'hôte consistant en 1 hors-d'œuvre, 2 plats de viande (ou 1 poisson en remplacement de 1 viande), 1 légume, 1 dessert, vin compris.

Syndicat d'Initiative de l'Auxois et du Morvan

SEMUR (Côte-d'Or)

SEMUR-en-AUXOIS. — *Altitude 288 mètres; gare; vues pittoresques sur la ville et l'Armançon; antiquités variées.*

Hôtel du Commerce, rue de la Liberté : 22 chambres; chambres depuis 5 fr., petit déjeuner 1 fr., déjeuner 8 fr., dîner 8 fr. On sert le repas du touriste.

Hôtel de la Côte-d'Or, rue Voltaire : 29 chambres; chambres à partir de 5 fr., petit déjeuner 1 fr. 50, à l'étage 2 fr., déjeuner et dîner 7 fr. 50 avec vin; par petites tables 0 fr. 50 en plus.

Syndicat d'Initiative de Tournus et du Mâconnais septentrional

TOURNUS (Saône-et-Loire)

TOURNUS (Saône-et-Loire). — Gare; monuments historiques.

Hôtel du Sauvage, près des gares : 15 chambres; chambres depuis 6 fr., petit déjeuner 2 fr. 50, déjeuner 7 fr. 50, dîner 7 fr. 50, vin compris; par petites tables 8 fr., vin compris. — Chauffage central, électricité.

Hôtel Terminus et Buffet de la Gare : 8 chambres; chambres depuis   , petit déjeuner   , déjeuner   , dîner   .

Les hôteliers, désireux de participer à l'avenir de la publicité faite par la Fédération des Syndicats d'Initiative BOURGOGNE et MORVAN, sont priés d'envoyer leur adhésion avant le 1er janvier de chaque année et d'indiquer les ressources de leur hôtel, les particularités du pays et les prix de séjour.

AVALLON (Yonne)

Chalet des Roches : appartement de 5 pièces, 4 lits; terrasse. 900 fr. sans linge, 1.000 fr. avec linge. — S'adresser à M. Tribouillard.

Appartement de 6 pièces meublées, prix à débattre. — S'adresser à Mme Pallantru, 13, rue du Bel Air.

Appartement de 5 pièces meublées, jardin superbe, eau, gaz, salle de bains (1er étage).

Appartement de 3 pièces meublées au rez-de-chaussée. — S'adresser à M. Prévost, 46, rue de Lyon.

Appartement de 4 pièces meublées, jardin, eau, gaz. Prix à débattre. — S'adresser à Mme veuve Julat, 57, rue de Paris.

Appartement de 5 pièces meublées, eau, gaz, cour. Prix à débattre. — S'adresser à M. Prudot.

Appartement meublé, de 3 pièces et une mansarde, jardin, gaz, vue superbe. Prix à débattre. — S'adresser à M. Boivin, route de Cousin-le-Pont, 7.

Une chambre : 2 lits. Prix à débattre. — S'adresser à M. Laballe, 5, rue de Lyon.

2 chambres à coucher. On prend des pensionnaires. — S'adresser à M. Ancelin, 17, place Vauban.

Une chambre meublée au rez-de-chaussée, petite terrasse, vue superbe. On prendrait des pensionnaires. — S'adresser à M. Beaujard, rue du Fort, 1.

Une chambre à 1 lit, joli jardin, vue superbe. Prix à débattre. — S'adresser à Mme veuve Bailly, route de Cousin-le-Pont, 30.

Appartement meublé, de 3 pièces, au rez-de-chaussée, jardin. Prix : 150 fr. par mois. — S'adresser à M. Blanchet, 5, rue de l'Arquebuse.

Environs de DIJON (Côte-d'Or)

BONVAUX, à 2 kil. de Plombières, à 7 kil. de Dijon

Château de Bonvaux, ancienne abbaye, complètement restauré, dans un site pittoresque; vallée, bois, rochers; 17 chambres, salle du xiiie siècle; peut former deux appartements; téléphone. Prix : 2.000 francs par an. S'adresser à M. Debost, château de Montmuzard, à Dijon.

COUCHEY, tramways électriques.

Maison meublée, composée de : une cuisine, une salle à manger, une alcôve au rez-de-chaussée; deux chambres à coucher au 1er étage, sur grande cour, au midi; eau dans la cour; buanderie; petit jardin; 500 francs pour la saison. — S'adresser à Mme Mialle, à Couchey.

Appartement meublé composé de : 1 cuisine, 1 salle à manger, 1 chambre à coucher deux lits, électricité, grande cour, eau dans la cour; pays sain et montagneux. Prix 120 fr. par mois. — S'adresser à M. Lanot, à Couchey.

COLLONGES-les-PREMIÈRES, Gare.

Logement meublé composé de : 1 cuisine et deux pièces, grande cour et grand jardin. Prix à débattre. — S'adresser à Mme Lerat, à Collonges.

FONTAINE-les-DIJON

Dans une villa avec beaux ombrages, appartement meublé, composé de : une cuisine, une salle à manger, 2 ou 4 chambres à coucher, débarras, garage à auto (facultatif), cour ombragée, jardin. — S'adresser à M. Lauvin, villa Saint-Jean, à Fontaine.

LANTENAY, gare.

Villa meublée " Mon Repos ", composée de : au rez-de-chaussée : 1 cuisine avec 1 alcôve fermée, une grande salle à manger avec baie vitrée sur le jardin et le vestibule, cabinet de toilette, lavabo en faïence, avec eau et w. c.; au 1er étage : 2 chambres à coucher dont une très grande, immense cabinet de toilette, dépendances, cour, grand jardin, petit parc. A vendre ou à louer. — S'adresser à M. Puvot, 44, rue Berlier.

Appartement meublé composé de 1 cuisine, 1 salle à manger, 2 chambres à coucher, 2 petites pièces pour domestiques. Petit jardinet devant ombragé. — 800 fr. pour la saison ou l'année. — S'adresser à Mme Gougel, 1, rue Chaudronnerie, ou à Lantenay.

LONGECOURT-en-PLAINE, gare.

Plusieurs appartements et chambres meublés dans villa; petit parc, beaux ombrages, kiosque, perron, électricité, chasse et pêche. — S'adresser à M. Lefebvre, à Longecourt

MESSIGNY, gare.

Appartement non meublé, composé de : 2 cuisines, 2 salles à manger, 3 chambres à coucher, cabinet de toilette, eau dans la cour, jardin ombragé. Prix 700 fr. par an. — S'adresser à M. Valentin, à Messigny.

Appartement meublé composé de 1 cuisine, 1 salle à manger, 2 chambres à coucher, 3 lits, un petit jardin. — 600 fr. pour la saison. — S'adresser à Mme Carteret, à Messigny.

MONT-SAINT-JEAN, gare Beurizot.

Maison meublée, réparée à neuf, composée de 7 pièces, cour, jardin, dépendances; très beau site, jolies promenades pays de ressources, docteur, etc. — S'adresser à M. Chaussier, à Fromenteau (Côte-d'Or).

OUGES, gare.

Jolie et confortable maison bourgeoise non meublée, composée de : cuisine, salle à manger, salon, lingerie, 12 chambres de maître et de domestiques, cabinets de toilette, dépendances, garage avec fosse, électricité, parc bien ombragé de un hectare. Prix à débattre. — S'adresser à M. Guillaume, 14, rue Chaudronnerie.

REULLE-VERGY, cure d'air, 9 kilomètres du Tramway de Dijon à Gevrey-Chamberlin

On prend des pensionnaires chez Mᵐᵉ Madon à Reulle.

SOMBERNON, 540 m. d'altitude, cure d'air, pays pittoresque.

Maison meublée avec joli jardin et ombrages, vue sur la vallée; prix modéré. — S'adresser à Mᵐᵉ Schohl, 10, rue de Mirande, ou à Mˡˡᵉ Jobard, à Sombernon.

VELARS-sur-OUCHE, 2 gares; 408 mètres d'altitude, excursions variées

A louer, meublé, le 1ᵉʳ étage du Château de Velars, composé d'une cuisine, une salle à manger, un salon, 7 chambres à coucher, 2 cabinets de toilette, w. c., grand parc, beaux ombrages, pièce d'eau, rivière, sites pittoresques. Prix : 2.000 francs — Pour tous renseignements et pour traiter, s'adresser à M. Henri Debost, 24, rue du Chaignot, à Dijon.

VILLERS-la-FAYE, à 4 kil. de la gare de Corgoloin.

Logement meublé, composé de 3 pièces ainsi qu'une cuisine pouvant faire salle à manger, cour et jardin. Prix : 300 fr. pour la saison. — S'adresser à M. Porte, à Villers.

NANTILLY (Haute-Saône), à 4 kilomètres de Gray

Maison meublée, composée de : cuisine, office, 2 salles à manger, 1 salon, 1 bureau; au 1ᵉʳ étage : 2 chambres à coucher, cabinets de toilette, 2 chambres de domestiques, dépendances, électricité, parc de 3 hectares clos. Vie facile, pêche et chasse. Prix : pour la saison 1.500 fr., pour l'année 2.000 fr. — S'adresser à M. d'Aiglepierre, rue du Palais, à Dijon.

PAGNOZ (Jura). Altitude 300 mètres ; à 1800 mètres de la gare de Mouchard.

Villa meublée, remise à neuf, composée de : au rez-de-chaussée : 1 cuisine, 1 salle à manger, 1 salon ; au 1er étage : 4 chambres à coucher ; dépendances, petit jardin. Jolies excursions en montagne, à 3 kil. de Port-Lesney (rivière La Loue). Vie facile. Facilité d'acheter au jardin du château les légumes disponibles. Chapelle à proximité. Prix à débattre. — S'adresser au château de Pagnoz pour visiter.

www.ingramcontent.com/pod-product-compliance
Lightning Source LLC
LaVergne TN
LVHW020513060726
842525LV00005B/1934